Género Narrativa de no ficción

Pregunta esencial

¿Por qué necesitamos gobierno?

UN DÍA EN EL SENADO

TERRY MILLER SHANNON

I0806024

Capítulo 1

CONOCE A UN SENADOR

Quizá creas que los senadores no tienen mucho que ver con tu vida. Pero lo que hacen les afecta a ti y a todos en el país.

Los senadores hacen leyes que influyen en los asuntos de tu vida cotidiana. Por ejemplo, escriben leyes para regular las empresas y proteger el medioambiente. Aprueban leyes que fijan los límites de velocidad en las carreteras. También deciden si se construirá una nueva autopista en tu ciudad.

Los senadores trabajan en el **Senado**. El Senado y la **Cámara de Representantes** conforman el **Congreso**, que es la rama legislativa, o donde se crean las leyes, del gobierno de Estados Unidos.

Necesitamos una legislación, o leyes, para garantizar que el país marche por buen camino. Las leyes nos dan normas para que las cumplamos. Sin ellas, la vida diaria sería caótica.

El Congreso se reúne en el edificio del Capitolio, en Washington, D. C.

Una candidata hace campaña por todo su estado para lograr suficiente apoyo y ganar un asiento en el Senado.

Unas veces se necesitan leyes nuevas para resolver los problemas y a veces, las leyes existentes necesitan cambios para que funcionen mejor. Los senadores introducen nuevas leyes o modifican las leyes vigentes. Analizan los problemas y luego trabajan con otros legisladores para convertir las mejores soluciones en leyes.

La gente elige a los senadores al votar en las elecciones. Dos senadores representan cada estado en el Senado.

¿Quién puede convertirse en senador o senadora?

La Constitución de Estados Unidos indica que un senador debe tener al menos 30 años y vivir en el estado que representa. También tiene que haber sido ciudadano estadounidense al menos nueve años antes de ser elegido.

El mandato de senador dura seis años. Cuando un senador es elegido, hace un compromiso para servir durante todo el mandato.

Veamos qué ocurre durante un día en el Senado.

Muchos senadores comienzan el día reuniéndose con sus colaboradores. Todos los senadores necesitan un buen equipo de colaboradores, para que les ayuden en su trabajo. Sería imposible que realizaran un buen trabajo sin ellos.

Los colaboradores dirigen las oficinas de los senadores y organizan sus reuniones. Se aseguran de que sepan dónde estar y qué hacer. Contestan llamadas telefónicas y cartas de los **electores** del estado que representa el senador.

Los colaboradores también investigan. Por ejemplo, si el Senado proyecta la construcción de una nueva carretera, los senadores necesitan información al respecto. Necesitan saber cómo se pagará, qué estados cruzará y cómo afectará las vidas de las personas que viven cerca. Los colaboradores encuentran respuestas para este tipo de preguntas.

Mapa del Capitolio de EE. UU.

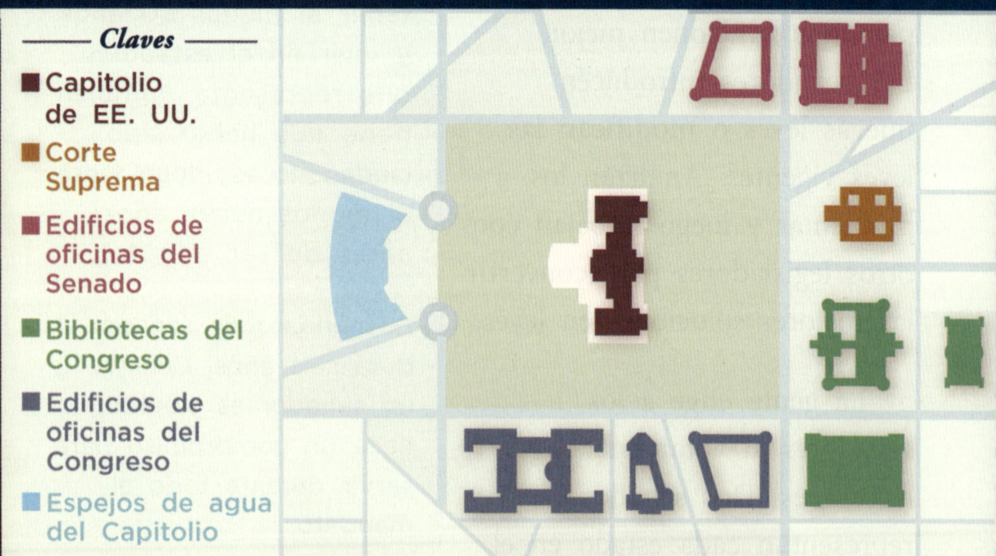

Las oficinas de los senadores están en los edificios de oficinas del Senado.

Los colaboradores de la senadora Olympia Snowe (a la derecha), de Maine, realizan muchos trabajos para ayudarla.

En sus reuniones, los senadores y sus colaboradores hablan de la agenda del día. En un día típico, la mayoría de los senadores asiste a reuniones de varios **comités**.

Buena parte del trabajo del Senado se realiza en grupos pequeños llamados comités. El Senado tiene hasta 20 comités y 70 subcomités. Sin embargo, el número varía con cada nuevo Congreso.

Cada comité trabaja en un tema diferente: algunos en temas educativos, otros lo hacen en asuntos de presupuestos o de comercio. Cada comité tiene senadores de distintos estados.

Capítulo 2

TRABAJAR JUNTOS

Después de la reunión con sus colaboradores, es posible que un senador se dirija al edificio del Capitolio para asistir a la reunión de un comité. Los senadores pueden usar el tren subterráneo del Capitolio para ir a sus reuniones.

Los senadores trabajan juntos en subcomités y después en comités en pleno para estudiar nuevos proyectos de ley. Un proyecto de ley es una propuesta de ley que aún no ha sido aprobada por el Congreso.

Por ejemplo, el subcomité de educación podría reunirse para debatir un proyecto de ley que reduzca el tamaño de las clases en las escuelas. El proyecto de ley recomienda que todas las aulas, desde kindergarten hasta tercer grado, tengan solo 18 estudiantes.

Un tren subterráneo conecta el Capitolio con otros edificios. Así, los senadores se mueven rápido y fácilmente entre los edificios.

Los partidarios del proyecto de ley sostienen que las clases más pequeñas mejoran las destrezas de lectura de los estudiantes. Si el proyecto se convierte en una ley, será necesario capacitar y contratar más maestros.

El subcomité puede rechazar el proyecto. Pero si sus miembros llegaran a un acuerdo en seguir adelante, este se enviaría al comité en pleno para un estudio posterior.

El comité en pleno pide a otras agencias gubernamentales, como el Departamento de Educación, más información sobre el proyecto. Los senadores también invitan a expertos en educación para que hablen ante los comités. Esos expertos suministran información sobre la conexión entre el tamaño de las clases y las destrezas de lectura.

Después de reunir más información, el comité puede decidir si acepta el proyecto como está o si le agrega **enmiendas**.

El comité votará si envía todo el proyecto al pleno del Senado. Allí, todos los senadores analizan el proyecto de ley.

El Senador Scott Brown hace una pregunta durante una reunión del comité de pequeñas empresas.

Las reuniones del comité tienen duraciones distintas. Sin embargo, en todas las reuniones se toma un descanso para almorzar. Afortunadamente, los senadores y sus colaboradores no tienen que ir muy lejos para encontrar un restaurante.

El Capitolio y sus edificios son realmente una ciudad dentro de la ciudad. ¡Cuentan con cafeterías, un gimnasio, un salón de belleza, una lavandería y una barbería!

También es una atracción turística que millones de personas visitan cada año. El centro de visitantes incluye un museo de arte e historia estadounidenses y el Salón de Exposiciones. Hay exposiciones sobre el Congreso y la construcción del Capitolio.

Detective del lenguaje

¿Qué expresan los signos de exclamación en el texto subrayado?

Tener todo cerca en el complejo del Capitolio es muy conveniente para los legisladores.

Historia del Capitolio

Una vista del Capitolio en 1856, después de que le quitaran la cúpula.

En 1793, el doctor y arquitecto William Thornton diseñó el Capitolio. El presidente George Washington puso la primera piedra el 18 de septiembre de 1793. Los constructores terminaron el ala del Senado en 1800.

Durante la Guerra de 1812, los soldados británicos incendiaron el Capitolio. Por suerte, el edificio no quedó completamente destruido. Una vez reparado, fue la sede del Senado, la Cámara de Representantes y la Corte Suprema. Para 1850, era demasiado pequeño para el creciente número de senadores y representantes.

El Capitolio se amplió luego en la década de 1850. La cúpula fue remplazada por una nueva que quedaba mejor con el nuevo edificio.

Hoy en día el Capitolio tiene un área de 175,170 pies cuadrados. La Cámara de Representantes y el Senado se reúnen en el edificio del Capitolio.

Capítulo 3

UNA VOTACIÓN EN EL SENADO

Después del almuerzo, los senadores se reúnen en la Sala del Senado para hablar sobre legislación y votar proyectos de ley ya finalizados. Los visitantes pueden observar los actos desde una galería situada arriba.

Los senadores tienen lo que se conoce como el privilegio de usar la palabra y debatir. Esto significa que pueden hablar libre y abiertamente en la sala. Esto les permite representar mejor a la gente de su estado.

Los mensajeros del Senado

El Senado emplea mensajeros para entregar mensajes y otros documentos. Ellos también asisten a reuniones de comité y preparan la sala para las sesiones del Senado.

Un mensajero del Senado debe ser un estudiante de secundaria que tenga al menos 16 años. Por la mañana, los mensajeros asisten a la Escuela de Mensajeros del Senado de Estados Unidos. Luego, mientras trabajan en el Capitolio, pueden presenciar momentos históricos.

El Senado elige miembros para que sean líderes. Se escogen entre los principales partidos políticos. Los líderes contribuyen a que las cosas marchen bien en el Senado.

Cuando se está considerando un proyecto de ley, los miembros del Senado debaten el tema y pueden introducir enmiendas. También pueden retrasar el proceso de votación. Los proyectos de ley son aprobados por mayoría de votos. Un funcionario del Senado registra cada voto. Si hubiera un empate, entonces votaría el vicepresidente de Estados Unidos.

Este mensajero saluda al presidente Obama.

Una vez que un proyecto se aprueba en una cámara, se vota y aprueba en la otra cámara. Aunque ambas cámaras del Congreso, el Senado y la Cámara de Representantes, pueden sugerir proyectos de ley, ambas tienen que aprobar la versión final del proyecto.

Si las dos cámaras no estuvieran de acuerdo con los puntos de un proyecto de ley, organizarían un comité conjunto para trabajar unidos para resolver sus diferencias.

Detective del lenguaje

La palabra subrayada es un verbo regular en condicional. Busca en esta página otros ejemplos de un verbo en condicional.

Con frecuencia, los proyectos de ley sufren muchos cambios. La ley final puede ser una versión muy diferente al proyecto de ley que se propuso al principio o puede tener trozos distintos. Estos cambios ocurren porque los senadores tienen diferentes puntos de vista. Y esto suele deberse a que representan a personas con diversos intereses. Los senadores pueden verse obligados a llegar a un acuerdo. Entonces, se harán algunos cambios para que el proyecto sea aprobado.

Una vez que el Senado y la Cámara de Representantes aprueban un proyecto de ley, se envía al presidente. Si el presidente está de acuerdo y firma el proyecto, se convierte en una ley. Sin embargo, si el presidente no está de acuerdo **veta** el proyecto, que entonces regresa al Congreso. El Congreso puede modificar el proyecto o incluso no hacer caso al presidente, si más de dos tercios del Congreso lo aprueban.

Para que muchos proyectos de ley sean aprobados, es necesario que personas con diferentes puntos de vista lleguen a acuerdos.

Los visitantes pueden observar el trabajo de los senadores desde la galería del Senado.

Otra parte importante en el día de un senador es su encuentro con los electores. Estas reuniones ofrecen una ocasión a los electores para hacer preguntas y también para compartir ideas y preocupaciones. Los senadores explican su trabajo para garantizar que están representando a su estado.

Incluso personas demasiado jóvenes para votar pueden interesarse en el proceso. Grupos escolares visitan a sus senadores para ver al Congreso en acción. Pueden visitar la Sala de Exposiciones y otros lugares, incluida la Sala del Senado. Desde allí pueden observar a sus senadores y la actividad en el recinto desde la galería del Senado.

Los senadores trabajan durante muchas horas y con frecuencia viajan mucho. Cada senador o senadora posee una oficina con personal completo en el estado al cual representa. Los colaboradores organizan reuniones públicas, donde los senadores se encuentran con los electores para escuchar sus inquietudes y analizar lo que sería mejor para el estado.

De esta manera los senadores se mantienen en contacto con las personas que representan y sus temas de interés. Así esos temas llegan a Washington, D. C., y finalmente pueden llegar a convertirse en una ley de Estados Unidos.

Las reuniones públicas ofrecen a los votantes la ocasión para hacer preguntas a sus senadores y saber lo que han hecho.

Respuesta a la lectura

Resumir

Usa los detalles clave de *Un día en el Senado* para resumir la selección. Usa el organizador gráfico como ayuda.

Causa → Efecto
→
→
→
→

Evidencia en el texto

1. ¿Qué características de *Un día en el Senado* te ayudan a identificarlo como un texto informativo? **GÉNERO**

2. Vuelve a leer la página 7. ¿Qué pasa si un comité en pleno se pone de acuerdo en un proyecto de ley? **CAUSA Y EFECTO**

3. La palabra *legislación* en la página 2 contiene la raíz latina *legis*, que significa norma o ley. ¿Qué significa *legislar*? Explica cómo te ayudaron las claves de contexto y conocer la raíz. **RAÍCES LATINAS**

4. Escribe sobre por qué cambian los proyectos de ley, antes de convertirse en leyes. **ESCRIBIR SOBRE LA LECTURA**

Género Texto expositivo

Compara los textos

Lee sobre el Día de Toma de Posesión, cuando un nuevo presidente comienza su mandato.

Un nuevo presidente toma posesión

Estados Unidos es una democracia. Eso significa que es gobernado por el pueblo. El presidente lidera a las personas del país.

La Constitución tiene normas sobre cómo se elige al presidente. La elección presidencial se realiza cada cuatro años, y el ganador toma posesión normalmente el 20 de enero.

La **toma de posesión** tiene lugar en Washington, D. C., frente al Capitolio. Por lo general, se hace al aire libre para que pueda asistir tanta gente como sea posible.

El presidente Barack Obama hizo el juramento de su cargo el 20 de enero de 2009.

Más de un millón de espectadores pueden llegar a asistir a la toma de posesión presidencial.

El Día de Toma de Posesión sigue un conjunto de tradiciones, pero el evento principal es el **juramento** del cargo. El presidente electo se convierte oficialmente en presidente cuando él o ella termina de pronunciar el juramento.

Las palabras del juramento se encuentran en la Constitución: "Yo juro solemnemente que desempeñaré legalmente el cargo de Presidente de Estados Unidos, y que conservaré, protegeré y defenderé la Constitución de Estados Unidos, empleando en ello el máximo de mis facultades".

La ceremonia comienza a las 11:30 a. m. El presidente hace el juramento de su cargo al mediodía. Después, da un discurso, llamado discurso de toma de posesión.

En sus discursos de toma de posesión, los presidentes exponen y explican sus objetivos para la nación. El 4 de marzo de 1861, Abraham Lincoln dirigió su discurso a los estados del Sur. Dijo: "...ningún estado puede separarse legalmente de la Unión por su propia iniciativa... Ustedes no tienen un juramento registrado en el cielo para destruir al Gobierno, mientras que yo tendré el más solemne para conservarlo, protegerlo y defenderlo".

En aquella época, varios estados del Sur intentaban separarse de Estados Unidos. El presidente Lincoln quería evitar una guerra civil. En el discurso, les dijo a los estados del Sur que haría cualquier cosa que estuviera en sus manos para salvar la unión y conservar al país unido.

Esta ilustración muestra a Abraham Lincoln haciendo el juramento de su cargo.

Haz conexiones

¿Por qué se celebra el Día de Toma de Posesión? **PREGUNTA ESENCIAL**

Compara el papel de un senador en *Un día en el Senado,* con el papel del presidente en *Un nuevo presidente toma posesión.* **EL TEXTO Y OTROS TEXTOS**

Glosario

Cámara de Representantes una de las cámaras del Congreso; trabaja con el Senado para escribir y aprobar las leyes del país ***(página 2)***

comité grupo pequeño de legisladores que analizan proyectos de ley en un área específica ***(página 5)***

Congreso rama legislativa del gobierno de Estados Unidos, conformada por el Senado y la Cámara de Representantes ***(página 2)***

elector persona que vive en el estado, o distrito congresional, de origen del funcionario electo ***(página 4)***

enmienda alteración o cambio en las palabras o en el significado ***(página 7)***

juramento promesa solemne ***(página 17)***

Senado una de las cámaras del Congreso; trabaja con la Cámara de Representantes para escribir y aprobar las leyes del país ***(página 2)***

toma de posesión inauguración oficial del cargo de presidente ***(página 16)***

vetar negarse a aprobar ***(página 12)***

Índice

Enfoque:

Estudios Sociales

Propósito Saber por qué las personas se postulan para cargos públicos

Procedimiento

Paso 1 Con un compañero, haz una lista de los miembros de la junta escolar local. Puedes encontrar esta información en línea o preguntar en la oficina de administración de tu escuela.

Paso 2 Escribe una carta breve o un correo electrónico a cada miembro electo de la junta. Pídele que te diga, en 50 palabras o menos, por qué se postuló para un cargo público. Muestra la carta o correo a tu maestra o maestro antes de enviarlo. Asegúrate de que cada miembro de la junta reciba solo una carta o correo.

Paso 3 Con tu compañero, analiza las respuestas que reciban. Haz una tabla o una gráfica para ilustrar los resultados. Presenta los resultados y analiza los descubrimientos con la clase.

Paso 4 Escribe otra carta o correo electrónico a los miembros de la junta escolar que respondieron, para agradecerles su ayuda y cuéntales lo que aprendiste.